EL ARTE EFECTIVO
DE
INFLUENCIAR LAS PERSONAS

RAPHAEL DUME

Derechos de Autor © 2019 por Raphael Dume

Todos los derechos reservados. Ninguna parte de esta publicación puede reproducirse, distribuirse o transmitirse de ninguna forma ni por ningún medio, incluidas fotocopias, grabaciones u otros métodos electrónicos o mecánicos, sin el permiso previo por escrito del editor, excepto en el caso de citas breves incorporadas en revisiones críticas y ciertos otros usos no comerciales permitidos por la ley de derechos de autor.

ISBN: 9781088899175

Manufacturado en los Estados Unidos de América.

Tabla de Contenido

INTRODUCCIÓN 7

CAPÍTULO UNO 11

  Poniendo a las personas correctas de su lado 11

    Colabora con personas de ideas afines 12

    Llevándose bien con las personas 14

    Critique, pero no juzgue 14

    No se quejes 16

    No vayas a encontrar fallas 16

    Flexibilidad 17

    Ejercer autocontrol 18

CAPÍTULO DOS 20

  Comunicación efectiva 20

    Pasión 22

    Escucha dos veces, habla una vez 23

    Este genuinamente interesado en el punto de vista de los demás. 26

    Haz que su equipo se sienta importante 28

CAPÍTULO TRES 31

  Manténgase alejado de argumentos 31

    Discúlpese cuando estés equivocado 33

Sé amable en su corrección 34

Centrarse solo en la falla actual 36

Muestra su falibilidad 37

Preguntas vitales a considerar antes de corregir a otros 38

CAPÍTULO CUATRO 44

Cómo vender sus ideas 44

Identifica su mercado 46

Véndase 47

Conoce a sus competidores 50

Construye su ejército 52

Publicidad digital 52

Marketing Digital 54

Lanzamiento estratégico 56

Sea un experto: demuestre creativamente su idea 58

CAPÍTULO CINCO 63

La ciencia de ser influyente 63

Causa y efecto 63

Valor 66

Atracción 68

Sacrificio 69

Integridad 71

Tiempo 72

CAPÍTULO SEIS 75

Cómo mantener su influencia 75
    Capacitar a las personas 77
    Manténgase conectado 78
    No des pasos en puntillas 79
    Se humilde 80
    Persevera 81
    Se abnegado 82
CONCLUSIÓN 85
BIOGRAFÍA 95

INTRODUCCIÓN

La capacidad de impactar positivamente a las personas es una habilidad importante para todos. Hacer cumplir su autoridad puede funcionar con personas que trabajan directamente al cargo de usted, pero no funcionará con aquellos que no trabajan bajo su mando. Por otro lado, la influencia lo ayudará a administrar y controlar indirectamente tanto a quienes trabajan para usted como a quienes no.

La influencia es un arte que se encuentra en todos los aspectos de la vida. Por lo tanto, este libro es relevante para usted independientemente de su vocación o la etapa de su carrera. Los principios para aumentar su influencia son los mismos y se aplican a todos. Independientemente de lo que hagas, deberás influir en las personas, acciones, y actitudes, al menos a veces.

Las ideas, dicen, gobiernan el mundo. Esto es muy cierto, pero es igualmente cierto, e incluso más cierto, que la influencia gobierna el mundo. Independientemente de cuán genial sea su idea, no llegará lejos sin influencia. Entonces, puedo decir con razón que "detrás de cada idea exitosa está la influencia correcta". Sin duda, es bueno tener ideas, pero también es necesario tener influencia. Después de todo, ¿de qué sirve su idea si no pudiera afectar al mundo de la manera que lo desea? Toda persona que tenga una idea desea ver que la idea se convierta en una realidad positiva. Es una experiencia muy frustrante cuando ves una idea de que has invertido su tiempo y recursos y obtiene poca atención de su público u objetivo. Es muy doloroso que los esfuerzos de uno sean desperdiciados. Nadie invierte en una idea para verla hecha nada. Este libro fue escrito para evitar este tipo de frustración.

En resumen, este libro está destinado a mostrarle cómo influir en las personas para que pueda hacer de su idea o punto de vista un jonrón. No tiene que obligar a la gente a que le guste su idea o hacer lo que usted quiere; de hecho, ¡esa no es una buena manera de comercializar su idea! En cambio, este libro le muestra exactamente lo que necesita hacer para que su idea resuene con las personas adecuadas.

Lo creas o no, todos somos negociantes. Todos tenemos algo que vender. Nosotros vendemos todo el tiempo, vendemos ambos recursos tangibles e intangibles. Los mismos principios se aplican a ambos tipos de recursos.

Su habilidad para llevar a las personas es directamente proporcional a qué tan bien puedes influir en ellas. ¿Tienes gente trabajando al cargo suyo? Necesitas entender el poder de la influencia. ¿Estás trabajando para alguien? Necesitarás influencia para llegar a la cima. ¿Tienes una gran idea que crees que beneficiará al mundo? Sin duda necesitará influencia para que su idea sea escuchada. Y si quieres ser un líder natural y productivo, debes aprender la ciencia de la influencia. Estoy feliz de ofrecerte consejos originales sobre la influencia. En este libro, no solo aprenderá cómo influir en las personas, sino también cómo influir en las situaciones: aunque la diferencia es a menudo muy sutil. A veces, es necesario influir en una situación, y otras veces, es necesario influir en las personas.

Estoy muy seguro de que para cuando haya terminado con este libro, habrás aprendido a influir en su camino hacia la cima. También estoy muy seguro de que usará este libros y conocimientos aprendidos como su manual para influir en las personas y situaciones.

CAPÍTULO UNO

Poniendo a las personas correctas de su lado

Esto suena obvio, pero aún merece énfasis. No importa cuán genial sea su idea, no todos estarán interesados en ella. Comprender esto hará que su trabajo sea mucho más fácil y lo salvará de presiones innecesarias.

Entienda esto: no tiene que influir en todas las personas. En realidad, no puede influir en todos, por lo que no hay necesidad de perder el tiempo intentándolo. Encuentre a las personas adecuadas que se conectarán con su idea. Cada empresa exitosa que ve por ahí considera cuidadosamente la demografía. Diferentes productos atraen a diferentes géneros. Por ejemplo, a más mujeres que hombres les interesa productos cosméticos. Algunos productos están aún más hechos a medida. Algunos productos son atractivos solo para niños, y estos productos se venden en programas de televisión destinados exclusivamente a niños. A usted no le interesa una caricatura, pero su hijo está cautivado, el productor de esa caricatura ha logrado su objetivo. El productor de ese programa de televisión ha logrado influir en su hijo. Cuando algo resuena en ti, tendrá influencia sobre ti. Por ejemplo, una película que llame su atención lo hará verla hasta el final y, en el proceso, alterará sutilmente su agenda.

Ahora has visto que la influencia acecha detrás de cada decisión. Nos guste o no, algo o alguien nos influencia todo el tiempo. Quizás esté leyendo este libro porque el tema le influyó para que lo leyeras. El punto es que algo le influyó para leer este libro.

Este es el poder de la influencia. Por lo tanto, es muy importante encontrar a las personas adecuadas. Las personas adecuadas se conectarán fácilmente con usted; por lo tanto, serán fácilmente influenciados.

Colabora con personas de ideas afines

En pocas palabras, estoy diciendo que necesitas encontrar a las personas adecuadas para colaborar. No puedes hacer todo por si mismo. La última vez que revisé, nadie pudo. Incluso los fundadores de grandes empresas como Google y Facebook necesitaron colaboradores con ideas afines para alcanzar el protagonismo que tienen hoy.

Existe una frase popular de que "Roma no se construyó en un día". Sin embargo, necesito agregar a esta frase algo. Roma tampoco fue construida por un individuo. Fue construido por el colectivo esfuerzo de muchas personas. La influencia se alimenta de la influencia. Cuando influyes en aquellos con los que trabajas, ellos a su vez influirán en los demás. Así es como funciona la influencia.

Alejandro Magno tenía un portafolio de liderazgo muy impresionante en el mundo antiguo. Para cuando tenía treinta años, había creado uno de los imperios más grandes del mundo antiguo. Logró esta gran hazaña porque pudo influir en sus generales, quienes a su vez pudieron influir en los soldados a su cargo.

Alexander no influyó en cualquiera, sino solo en personas de ideas afines. No desperdició sus esfuerzos tratando de convencer a campesinos y cobardes. Enfocó su atención en personas fuertes y valientes. Comprende esto: es más fácil influenciar a los que creen en su visión que a los que no. Por lo tanto, haga todo lo posible para conectarse con personas de ideas afines.

Llevándose bien con las personas

Encontrar a las personas adecuadas es solo el primer paso. Sin embargo, debo enfatizar que es más difícil mantener la atención de la gente que captarla en primer lugar. Una cosa es encontrar el equipo con talento adecuado; Es otro mantenerlos. Hay ciertas reglas tácitas que debe seguir si desea mantener su influencia. Seré honesto contigo: influir en las personas no es barato, y es aún menos barato mantener su influencia. Hay trabajo que hacer. Debe poder llevarse bien con sus trabajadores y con las personas en general. Para llevarse bien con las personas, debe hacer lo siguiente:

Critique, pero no juzgue

Aunque las dos palabras *suenan* bastante similares, y algunos diccionarios incluso las consideran sinónimos, no son iguales en aplicación y significado. *Juzgar* es encontrar fallas en una idea, incluso si el propietario de la idea no solicita específicamente su opinión. *Criticar* es examinar cuidadosamente una idea para dar una opinión honesta al respecto, y generalmente es solicitada por el propietario de la idea.

Si quieres influir en alguien, lo último que querrás hacer es juzgar su idea. Juzgar provoca desánimo, lo que eventualmente dañará su objetivo final de influir en la persona que tiene la idea. Recuerda, no puedes trabajar solo. Si pudieras trabajar solo, nunca necesitarías emplear a esa persona o trabajar con ella.

Antes de criticar las ideas de las personas, primero considere lo siguiente:
1. Se les ocurrió la idea porque querían ayudar.
2. Han dedicado su precioso tiempo a la idea.
3. Ya están influenciados por su propia idea, y es por eso que se les ocurre algo que promoverá aún más su idea original. Por supuesto, dé su crítica cuando se le solicite, y sea cortés y honesto mientras la hace. La crítica juega un papel importante en el progreso. Es necesario

intercambiar comentarios e ideas. Sin embargo, juzgar nunca es la solución. Uno puede juzgar desde ahora hasta el final de los tiempos, y todavía no habrá ninguna mejora.

No se quejes

Incluso si no estás contento con algo o alguien, sé diplomático. Esto puede no ser fácil de hacer, pero nadie dice que es fácil tener influencia sobre los demás. Solo creará un ambiente de trabajo hostil si siempre expresa su insatisfacción.

No puedes tener influencia al quejarte. Hay varias maneras de dar a conocer sus opiniones sin morderse la lengua o fruncir el ceño o apretar la mandíbula o apretar el puño o golpear el escritorio.

Terminarás debilitando la cadena de influencia que ya tienes si siempre se quejas.

No vayas a encontrar fallas

Cuando la búsqueda de fallas está a la orden del día, la productividad será inevitablemente baja. La búsqueda de fallas apaga el entusiasmo de sus trabajadores o compañeros de equipo y los obliga a desarrollar una resistencia poco saludable a su actitud. Esto dificultará en gran medida su objetivo. Elogia y felicita intencionalmente a sus trabajadores. Tiene que haber algo que estén haciendo bien que sea digno de elogio. Los aplaude públicamente cuando hacen algo bien y archivan sus reservas para momentos privados. En otras palabras, felicítelos públicamente y corríjalos en privado. Se sorprenderá de lo rápido y cuánto crecerá su influencia como líder.

Flexibilidad

Los grandes gerentes son flexibles. Saben cuándo corregir y cuándo abstenerse. Saben cuándo trabajar solos y cuándo dejar espacio para que otros contribuyan. Puede ser el jefe, pero necesita saber cuándo escuchar.

En resumen, debe estar dispuesto a dar paso a la influencia de los demás. Si una idea es mejor que la suya, permita que se salga con la suya. Si tiene que ceder o acceder, hágalo. De esto se trata la flexibilidad. Escuchar a los demás no lo hace débil, ni aplicar sus opiniones lo hace menos influyente o inferior. De hecho, es exactamente lo contrario.

Ejercer autocontrol

El autocontrol es, sin duda, el activo más importante que podría poseer si desea influir mucho en las personas. Un buen gerente y líder debe ser capaz de ejercer autocontrol. Si no puede ejercer el autocontrol, le resultará extremadamente difícil aplicar todo lo que he escrito hasta ahora y todo lo que trataré en los siguientes capítulos.

La incapacidad para ejercer el autocontrol ha tenido un impacto negativo en los gerentes excelentes. Cuando sus empleados o compañeros de equipo comienzan a cuestionar sus decisiones y políticas, es un indicador de que su influencia ya está disminuyendo. En resumen, debe trabajar con las personas adecuadas para aumentar su influencia, y también debe tener la actitud correcta para mantener su influencia.

El ARTE EFECTIVA DE INFLUENCIAR LAS PERSONAS

CAPÍTULO DOS

Comunicación efectiva

La comunicación es el acto de intercambiar información. Para influir en las personas para que realicen una tarea en particular, deberá asegurarse de comunicarse de manera efectiva. Una cosa es comunicarse, otra es transmitir información relevante. Si no se comunica con claridad, habrá problemas. La comunicación es muy importante en cualquier transacción. Es importante que todos los involucrados en un proyecto se lleven bien desde el principio. No hay lugar para suposiciones o presunciones. No debes ser presuntuoso, y no debes ser ingenuo.

Una forma de lograr este equilibrio vital es comunicarse de manera efectiva. No dejes piedras sin remover. Tómese el tiempo para comunicar su misión y objetivos. Divide su proyecto en hitos para que sea más fácil para cada miembro del equipo saber exactamente lo que quieres. Por defecto, tienes influencia sobre aquellos que lo entienden. Esto se debe a que su claridad les influirá para trabajar hacia el logro de su objetivo. Por el contrario, si no se comunica con claridad, pierde su influencia sobre los demás (cuando ya tiene influencia) o deja de influir en los demás cuando nadie comprende su misión.

Hacer preguntas es parte de la comunicación. Un buen comunicador sabe que él o ella ha sido entendido cuando su audiencia hace una pregunta inteligente. Cuando dé lugar a preguntas, sabrá si te han entendido o no, y sabrás qué hacer para que entiendan.

Además, no se enoje ni se sienta frustrado cuando su equipo no entienda sus puntos. Si su ira es evidente, estará canalizando una energía negativa que disipará su influencia. Es difícil aprender bajo presión; por lo tanto, debe hacer todo lo posible para responder sus preguntas de manera relajada.

El primer paso que debe tomar es evaluar su presentación para ver si la presentación es el problema o si simplemente no entienden su idea. También es posible que el proyecto esté más allá de su conocimiento profesional, o que sea demasiado difícil para ellos. Si es demasiado difícil para ellos, intente simplificarlo. Si aún no lo entienden, ya es hora de que cambies su equipo. Puede que no sean las personas adecuadas para usted.

Honestamente, no puede esperar que alguien actúe según sus instrucciones cuando no lo entienden en primer lugar. La comunicación efectiva es insustituible en la gestión de proyectos. Para influir en las personas, debe comunicar su mensaje claramente; divida su proyecto en ideas más pequeñas y fáciles de relacionar; no asumas ni presumas; repito, nunca asumas o presumas; atráelos a todos.

Pasión

La pasión es contagiosa, y es más probable que su pasión influya en las personas que ejercer fuerza. Si las personas no pueden ver su pasión y celo por su negocio o proyecto, es posible que no estén motivados. Se necesita pasión para influenciar a otros para que estén tan motivados como tú.

La pasión es como el fuego; se consume y se propaga a todos los objetos inflamables. Su pasión por su proyecto es con lo que las personas se conectarán primero. También es lo que influirá en las personas para unirse a su equipo.

El ARTE EFECTIVA DE INFLUENCIAR LAS PERSONAS

Cuando tienes pasión, puedes despertar los deseos de la gente de hacer lo que quieras. La emoción, entusiasmo y entusiasmo serán palpables, y sus empleados o equipo naturalmente querrán trabajar con usted y para usted.

Además, la pasión despierta curiosidad. Las personas a menudo actúan porque son curiosas. Por ejemplo, es más probable que vea una película que le apasiona a su amigo. Su pasión por la película despertará su curiosidad, provocando un deseo dentro de usted para ver la película. Cuando eventualmente ves la película, será porque la pasión de su amigo lo influyó.

¿Puedes ver el poder de la pasión? Si quieres influir en las personas para que hagan lo que quieres, ahora sabes qué hacer: ser apasionado. Deje que la gente vea su fervor y determinación. Su pasión siempre encenderá la pasión de otras personas.

Escucha dos veces, habla una vez

Esta es una forma figurativa de decir que debe escuchar más y hablar menos. Es cierto que usted es el dueño de su idea; No estoy disputando eso. Todo el proyecto es suyo, lo entiendo. Pero si desea tener influencia sobre sus empleados o compañeros de equipo, o sobre cualquier persona, debe estar dispuesto a hablar menos y escuchar más. La verdad es que no puedes lograr su proyecto solo. Necesitas personas que le ayuden a hacerlo realidad. Si desea ejercer una influencia considerable sobre ellos, también debe estar dispuesto a ejercer paciencia.

Escúchalos. Todos tienen una idea. No hable todo el tiempo. Esté atento a lo que tienen que decir también. La única excepción a esto es si está trabajando con robots. Sin embargo, cada vez que trabaje con humanos como usted, debe estar inclinado a escuchar.

Cuando te dan una idea y la implementas, su reputación aumenta entre ellos y su influencia también. Esto es lo que muchos no saben. Algunos líderes suponen erróneamente que serán vistos como débiles y estúpidos si implementan la idea de un subordinado. Sin embargo, esto está mal. Cuando implementa la idea de un subordinado, mejora su relación y reputación con sus subordinados. Sus subordinados también aprenderán a confiar y respetarte, aumentando el alcance de su influencia.

Si está buscando socios comerciales, debe aprender a dejar de hablar de su negocio y de usted mismo. Nadie quiere escuchar su hermosa charla sobre sus aventuras y perspicacia comercial. No, eso definitivamente no es cómo aumentar la influencia. En todo caso, es una excelente manera de inducir el aburrimiento.

Tienes que cultivar el hábito de escuchar bien. Permita que otras personas también hablen sobre sus ideas y planes. Escuche lo que quieren para que sepa cómo entrar. Debe comprender que no es al hablar todo lo que podrá influir en las personas.

¿Sabes que su silencio puede influir mucho en el resultado de una discusión? Hay un viejo adagio africano: "Un tonto no se conoce hasta que habla". Cuando permites que otros hablen primero, tienes una ventaja sobre ellos, porque no saben lo que tienes en mente.

Cuando su oyente solicita su opinión, él o ella se inclinará naturalmente a escuchar atentamente todo lo que tiene que decir. Esta es su oportunidad de influir en toda la discusión. Reconocerá todo lo que él o ella ha dicho hasta ahora y concluirá con su propia idea. Esta es otra forma importante de influir en las personas.

Este genuinamente interesado en el punto de vista de los demás.

La gente sabrá cuándo estás fingiendo y sabrá cuándo eres real. Por lo tanto, debe estar genuinamente interesado en las opiniones de las personas. Cuando permites que la gente libremente exprese sus ideas, también le permitirán expresar libremente las suyas.

Por ejemplo, si usted es el coordinador de un proyecto, debe estar interesado en las opiniones de los miembros de su equipo. Hágales saber que tienen su atención. Tómese su tiempo para explicar la dirección que desea que tome el proyecto y cuál quiere que sea el resultado final.

No omita ningún aspecto relevante. Recuerde, un proyecto bien entendido se ejecutará con éxito. También debe informarles el alcance y la limitación del proyecto. Todo esto debes hacer para influir en un buen proyecto.

También debe dejar espacio para la entrada. Este ansioso por hacer preguntas y sugerencias. Nunca se sabe:

alguien podría proporcionarle la pieza que falta para ejecutar con éxito el proyecto. Una idea implementada con éxito impulsará su reputación. Por supuesto, sabes lo que eso significa para su influencia.

Este vivo durante las discusiones y cuando esté haciendo una lluvia de ideas, para que pueda responder correctamente las preguntas; de lo contrario, sabrán que lo estás fingiendo y eso ciertamente dañará su reputación. Responda siempre sus preguntas lo mejor que pueda.

De hecho, demuestre su interés en responder sus preguntas. Fomentar más preguntas. Sus preguntas pueden llamar su atención sobre una parte ambigua del proyecto que puede necesitar algunas modificaciones. Sus respuestas también les ayudarán a tener una comprensión profunda del proyecto. Al final, será beneficioso para todas las partes.

Incluso si es miembro del equipo del proyecto, aún puede influir en la discusión. Al hacer preguntas relevantes y ofrecer contribuciones brillantes, ya está influyendo en el coordinador del proyecto. Antes de que se des cuenta, el coordinador podría hacerte su asistente o incluso ponerte a cargo de un aspecto del proyecto.

Sin embargo, esta influencia se produce al prestar atención a los detalles del proyecto. Esta es la única forma en que puede comprender las minucias del proyecto y, por lo tanto, contribuir de manera brillante al tema en cuestión. Independientemente de si usted es el coordinador del proyecto o un miembro del equipo, puede ser una influencia.

Haz que su equipo se sienta importante

Deje que cada miembro de su equipo se sienta importante. Esto es esencial si desea tener influencia sobre los miembros de su equipo. Dejar que ellos sepan que los valoras. Para que se sientan importantes y valorados, debe eliminar la ambivalencia. No corra caliente y frío.

Todas las organizaciones de alta productividad tienen una cosa en común: hacen que sus empleados se sientan valorados. Entienden que la mejor manera de controlar a las personas es satisfacerlas y hacerlas sentir cómodas. Un empleado satisfecho nunca tendrá una excusa para ser flojo o negligente.

En consecuencia, un empleado valioso contribuirá al máximo a su organización. Sin siquiera darse cuenta, la actitud del empleado hacia el trabajo está siendo influenciada por la amabilidad de su jefe, creando un ambiente de trabajo propicio y que es un factor motivador, junto con el apoyo de su jefe.

La importancia de la buena gestión humana no puede subestimarse. Debe hacer que sus empleados se sientan valorados y cómodos. Si hace un esfuerzo adicional para que se sientan valorados e importantes, puede estar seguro de que también harán un esfuerzo adicional para complacerlo. Este es uno de los secretos de las empresas exitosas.

Las compañías exitosas tienen éxito porque pagan generosamente y tienen otras ventajas que vienen con el trabajo. Esto no significa que deba pagar a sus empleados más allá de su presupuesto para competir con estas grandes empresas; más bien, lo que digo es que debe seguir el ejemplo de ellos y aprender a recompensar y compensar a sus trabajadores.

Esto puede incluir formas intangibles de compensación. Un simple "gracias" por un trabajo bien hecho contribuirá en gran medida su empleado se siente valorado. Elogiar y aplaudir públicamente a un trabajador diligente también es una buena idea. También es una buena idea delegar sus deberes a sus empleados de vez en cuando; Esto también aumentará su influencia entre ellos.

Si bien las recompensas financieras pueden aumentar su influencia, la aplicación de los consejos anteriores suele ser más rápida, siempre más barata y con frecuencia más efectiva. Aprenda a apreciar a las personas por sus esfuerzos y contribuciones a su causa. Y si usted es un empleado, haga todo lo posible para llevar a cabo sus tareas de manera efectiva; Si hace esto en consecuencia, gradualmente, su reputación crecerá.

CAPÍTULO TRES

Manténgase alejado de argumentos

La única persona que entenderá su idea es usted. Por lo tanto, debe ser paciente al transmitir su idea a su equipo. Algunas personas entenderán su idea de inmediato; otros no lo harán. No hay nada absurdo en esto. La capacidad de comprensión de cada persona es diferente, y eso está bien.

También está bien que las personas no estén de acuerdo con su opinión. Con este fin, debe aprender a acomodar las opiniones de las personas y al mismo tiempo aprender a expresar cortésmente su opinión. Su influencia no disminuirá si recibe las ideas de los demás.

El autoritarismo no garantiza que su influencia crecerá. Sin duda, logrará crear miedo en sus empleados, pero eso es todo. Cuando no esté de acuerdo con una opinión, o alguien no esté de acuerdo con la suya, sea amable y racional al resolverla amigablemente.

Ponga a un lado el sentimiento; resuelva el problema de una manera benévola y madura. Comprenda que los argumentos no resolverán el problema. Calma sus nervios y vuelve a explicar tu posición. Escucha la opinión de la otra persona. Asegúrate de comunicarte, no discutir.

Los argumentos pueden llevar a disputas, lo que no ayudará a su causa. Recuerde siempre que discutir no une, solo divide. La única influencia que emerge de la división es negativa. Este libro trata sobre la influencia positiva, que es mucho más poderosa. No puede permitir la desunión si desea tener una influencia positiva sobre las personas. No estoy sugiriendo que evite involucrar a las personas en un discurso intelectual, donde explique su posición y también escuche; Nuestro punto, sin embargo, es que nunca debe recurrir a un acalorado debate sobre quién tiene razón y quién está equivocado.

Por favor, adelante y demuestre su punto, pero hágalo cortés y gentilmente. Debe permitir que la otra persona también demuestre su punto sin interrupción. Escuche genuinamente su punto de vista para que realmente pueda comprender su posición.

La persona que está tratando de explicar su punto apreciará su calma e interés en querer entenderlo. Al final del día, su madurez será recompensada con un aumento en su influencia.

Si sigue estos pasos, es posible que se pregunte cómo se ha sumado a su influencia. Esto no es descabellado. La persona apreciará la paciencia para dar a conocer sus puntos; esa madurez conducirá a más respeto y admiración. Por lo tanto, seguir este consejo conducirá a una influencia cada vez mayor. La persona le tendrá en alta estima. ¡Ahí tienes!

Discúlpese cuando estés equivocado

No siempre se puede tener razón, eso es imposible, y esa es la pura verdad. Todos cometemos errores; Incluso el mejor humano sigue siendo humano. La persona más brillante del mundo todavía es propensa a errores. No hay nada que podamos hacer al respecto. Es parte del paquete humano.

A la luz de esto, no siempre tendrá razón en sus decisiones y opiniones porque no lo sabe todo. Entonces, admite cuando se equivocas y discúlpese; disculparse solo le hará ganar más el respeto. Rechaza la tentación de ser arrogante. Ofrecer una disculpa requiere fuerza, por lo que solo los fuertes pueden hacerlo.

Una forma de probar su fuerza es ver si puedes disculparse cuando se equivocas. Cuando se disculpas, estás estableciendo su influencia. Disculparse le dice a la persona ofendida que eres confiable y humilde. También influirá indirectamente en ellos para que le tengan en alta estima. Intente esto y verá cuán potente es una disculpa.

Ningún hombre es una isla. No puedes hacer todo por ti mismo. Necesitas gente para ayudarse. Esto significa que cometerá errores, pero este no es el problema. El problema es negarse a admitir que está equivocado cuando está equivocado. Cuando lo revisé por última vez, presentar sus disculpas no eliminará un mechón de su cabeza.

Sé amable en su corrección

Sea amable al corregir a las personas cuando están equivocadas. Sus empleados o miembros del equipo también pueden estar equivocados por la misma razón que usted también puede estar equivocado. Cuando esto suceda, absténgase de decirle categóricamente porque ellos "están equivocados". No se deleite en su error, sino que corríjalos con amor.

Es suficiente que ya sepan que están equivocados; no frote sal en sus heridas diciéndoles cuán equivocados están. Además, respete el hecho de que la razón por la que están equivocados es que ofrecieron sus opiniones e ideas. Si se reservaran sus opiniones, nunca se equivocarían.

Una forma de ser amable en su corrección es apreciar primero su contribución. Después de todo, nunca habrían ofrecido sus opiniones si no tenían sus intereses en el corazón. Debe considerar esto primero antes de corregirlos.

Además, no corrija a una persona antes que, a otras, a menos que la corrección sea colectiva. Corregir a un miembro del equipo en privado demostrará que usted es amable y comprensivo, y lo colocará en los buenos libros de la persona. Como consecuencia, su influencia alcanzará otro nivel.

El miembro de su equipo puede estar equivocado, pero aprenda a ser generoso en su reprensión. Es por esto que puedes crecer y mantener su influencia. Al respetar a los demás cuando los corrige, también será respetado y considerado favorablemente.

Centrarse solo en la falla actual

Haz que la falla o error sea fácil de corregir. Aborde solo la culpa del momento: no lleve al miembro o empleado que cometió el error en un viaje de culpa. Desenterrar las tumbas de errores pasados creará animosidades innecesarias.

Sea claro en su corrección; dígale a la persona exactamente por qué se le está corrigiendo. Evite los cuentos largos y sea preciso. Solo al ser precisos sobre cuál es el error se puede influir en la persona para que comprenda su error. En esencia, para ser influyente, también debes ser preciso y articulado.

De hecho, es más probable que compliques la situación si andamos con rodeos. Al plantear problemas no relacionados durante la corrección, la persona que se está corrigiendo puede terminar más confundida y frustrada.

Muestra su falibilidad

Sé humano en tu corrección. Tienes una mayor probabilidad de tener un impacto en la persona que está corrigiendo si habla de un error pasado propio, especialmente uno relacionado, y describe cómo rectificó el error. Mostrar su falibilidad también alivia la carga de culpabilidad de la persona que está corrigiendo, y también muestra que es identificable.

Nunca es una debilidad ser vulnerable y ser abierto sobre sus errores. Lo que algunos líderes y gerentes no se dan cuenta es que afirmar ser perfecto tiene sus propias limitaciones. Creará una imagen que nunca podrá mantener hasta el final. Un día, ciertamente cometerás un error, para consternación de aquellos que le han visto como infalible.

Cuando llegue ese día, la gente estará enormemente decepcionada de ti. ¿Por qué eso? Porque has pintado una imagen falsa de ti mismo. Eres falible como todos los demás; Por lo tanto, no es necesario afirmar lo contrario. Es mejor hacerse el tonto y ser visto como sabio que jugar siendo sabio y ser visto como un tonto.

Preguntas vitales a considerar antes de corregir a otros

Concluiré este capítulo considerando algunas preguntas esenciales que debes hacerse antes de corregir a las personas. Sin embargo, debe tener en cuenta que, en general, la forma correcta de corregir es la misma forma en que a usted le gustaría ser corregido. Esencialmente, sugiero que se ponga en el lugar de la persona que desea corregir.

Haga las siguientes preguntas antes de corregir:

¿Es ahora el momento adecuado para la corrección?

El tiempo es importante en la corrección, al igual que lo es en todo. Puede darle a alguien el consejo correcto, pero si se ofrece en un momento incorrecto, no sirve para nada. No corrijas apresuradamente. Observe el estado de ánimo y el horario de la persona que desea corregir. Definitivamente es una mala idea corregir a una persona que acaba de recibir malas noticias.

Tampoco querrá corregir a alguien que acaba de ser reprendido por otra persona. Hacerlo le costará su influencia. Aunque su objetivo es corregir su error, terminará logrando algo bastante diferente. Lo último que necesita una persona frustrada o una persona que tiene un mal día es recordar que ha cometido un error.

Guarde su consejo hasta que sea un momento oportuno, uno cuando la persona estará dispuesta favorablemente a su corrección. Puedes ir a la persona cuando está relajada y tranquila. Para ser honesto, no hay forma de que pueda corregir a una persona enojada para que no encuentre fallas en su enfoque; tampoco hay forma de que su corrección se aprenda cuando una persona está confundida o frustrada.

Al final del día, habrá logrado crear un nuevo enemigo o perder el tiempo, o ambos. Tengo la sensación de que no querrás terminar frustrado o hacerse un nuevo enemigo; por lo tanto, le recomiendo que corrija a alguien que está equivocado en el momento adecuado.

¿Estoy ahora en el estado de ánimo adecuado para corregir a alguien?

No solo es importante para la persona que desea corregir estar en el estado de ánimo correcto, es igualmente importante para usted también estar en el estado de ánimo correcto. La lógica nos dice esa energía positiva engendrará positividad, y viceversa.

Esto significa que su corrección no irá bien si la persona que desea corregir no está en el estado de ánimo adecuado, incluso si usted lo está; tampoco le irá bien si no está en el estado de ánimo adecuado, incluso si la persona que desea corregir lo está.

Por lo tanto, es necesario que ambos estén en el estado de ánimo correcto. Será muy difícil transmitir su mensaje cuando está enojado. Es comprensible que esté enojado por el error de su empleado, especialmente si es un error tonto; no obstante, su ira no resolverá el problema en el terreno; en todo caso, lo empeorará.

Más bien, lo que debe hacer en situaciones como esta es calmar sus nervios. Puede decir lo que no debe decir cuando está enojado. Por lo tanto, es mejor callarse hasta que ya no estés enojado. Es mejor prevenir que curar; estarás de acuerdo con nosotros.

¿Se puede pasar por alto este error?

Le presento esto, algunos errores se toman mejor como un grano de sal. No tiene que sudar ni perder el sueño por ellos. Si un error no le afecta negativamente y es intrascendente, por favor, ignórelo.

Emitir correcciones de vez en cuando no ayudará a su causa. Aquellos que participan en una juerga de corrección no tendrán la influencia positiva que desean profundamente. Si quieres tener influencia y ser considerado como un líder, debes aprender a pasar por alto algunos errores intrascendentes.

Si usted es del tipo que siempre tiene algo para corregir y quejarse, su efectividad como líder se verá muy reducida. Deja que su corrección sea rica y valiosa. Sé esa persona que todos escuchan cuando corrigen. No serás esa persona si siempre estás ofreciendo correcciones.

Cuando aprenda a pasar por alto algunos errores, será más respetado y valorado. Serás tratado como un león, de modo que cuando rujas, sus empleados o su equipo sabrán que algo está realmente mal.

Confía en nosotros, guardarán todo lo que tengas que decir. ¿Qué mejor manera hay para ser influyente que esto?

¿Es esto un error repetitivo?

Antes de corregir, debe evaluar si este error ha estado en su radar por un tiempo o si es nuevo. Saber si un error es nuevo o repetitivo lo ayudará a saber cómo realizar su corrección. Abordar un error obstinado es obviamente diferente de abordar un nuevo error.

Es injusto ser duro y severo con su trabajador que solo ha cometido un error por primera vez. Si hace esto, no le irá bien a ese empleado. Él o ella se sentirán poco apreciados y eventualmente estarán menos motivados.

Como su subordinado, él o ella pueden no expresar su disgusto, pero su botella de influencia acaba de ser chamuscada con una barra de desconsideración de su parte. Para evitar este escenario feo, es mejor ser amable al corregir este nuevo error.

Le aconsejaré que sea fácil e informal con esta persona sobre el error. Una forma de hacerlo es plantear el problema en una conversación. No llame a esa persona específicamente para reprenderla por ese error. Una expresión simple como "oh, eso me recuerda..." es una buena manera de presentar su corrección. De esta manera, el empleado tendrá en cuenta el error y le agradecerá por mencionarlo a la ligera.

Sin embargo, en el caso de un error repetitivo, aún no tiene la prerrogativa de ser duro o grosero en su presentación, porque eso no hará que el error desaparezca. La mejor manera de comenzar su corrección es pedirle al empleado que explique la razón por la que sigue repitiendo el mismo error.

Esto le dará la oportunidad de ver dónde radica el problema. Puede ser un malentendido por parte del empleado, o puede ser que usted es quien le está dando la señal o el mensaje incorrecto. También puede ser que el alcance del trabajo esté más allá de la experiencia del empleado.

Cualquiera sea la razón, lo que importa es que ahora lo sabes. Luego tomará los pasos apropiados y el problema se resolverá de una forma u otra. Cualquiera que sea su decisión es que existe una alta probabilidad de que el empleado en cuestión acepte el resultado, ya que usted se ha interesado genuinamente en comprender la causa raíz del error.

Felicitaciones, acaba de agregar otra pluma a su sombrero en su búsqueda de influencia.

CAPÍTULO CUATRO

Cómo vender sus ideas

Hasta ahora, en este libro, he mostrado cómo puedes influir en las personas de diferentes maneras. En este capítulo, sin embargo, nos centraremos en cómo vender sus ideas. Recordemos que dije en la *Introducción* que la influencia gobierna el mundo.

El ARTE EFECTIVA DE INFLUENCIAR LAS PERSONAS

La influencia gobierna el mundo en el sentido de que es a través de la influencia que se venden las ideas. Su idea puede ser innovadora e impresionante, pero si no llega a las personas adecuadas, es inútil. En otras palabras, el éxito de su idea depende de la influencia que tenga.

Es bueno tener ideas, pero es mejor saber cómo vender sus ideas. Cada propietario de una idea exitosa comprende el poder de influencia en las ideas de marketing. También necesita tener el carisma para comercializar su idea a las personas.

Su idea es tan buena como su influencia. A nadie le importa si su idea es prometedora o no. ¿Cuál es el punto de tener una idea que nadie conoce? Dejaré de hablar en parábolas y daré en el clavo: su idea no tiene valor hasta que se pague.

Con la proliferación de información, cortesía de la revolución en el mundo tecnológico, se está convirtiendo en una batalla cuesta arriba vender sus ideas, porque hay muchas ideas en Internet. La competencia se está volviendo más feroz por segundos. ¿Qué haces? Cruzarse de brazos y ver como otros tratan de utilizar su influencia para conseguir lo que quieren, ¿o se enfrentan a la competencia?

En el resto de este capítulo, analizaré diferentes formas en que puede influir en las personas para que compren su idea. Les puedo asegurar que una vez que implementen estos consejos religiosa y pacientemente, sus ideas atraerán a las personas adecuadas.

Identifica su mercado

Por más obvio que parezca, muchos vendedores no conocen su mercado. Si no conoce su mercado, su idea seguramente fracasará lamentablemente. Lo primero que debe hacer es identificar el mercado para su idea.

De hecho, su mercado debe guiarlo para moldear su idea. Debe conocer a sus compradores desde el principio; de lo contrario, tendrá dificultades para realizar ventas, ya que intentará influir en las personas equivocadas.

La verdad es que su idea no es para todos, porque no beneficiará a todos; no interesará a todos.

Por lo tanto, es su deber identificar su mercado desde el principio. Su oportunidad de influir en las personas para que compren su idea es mucho mejor cuando están interesados en su idea.

Por ejemplo, una idea que revolucionará la industria del entretenimiento puede no ser adecuada para la industria de la tecnología. Debe hacer una investigación para clavar su mercado. Pruebe un beta su idea con sus amigos y familiares y aliéntelos a que le den su opinión, para que sepa cómo hacer que su idea sea mejor y más relevante. Las sugerencias y críticas que reciba de sus usuarios beta ayudarán a mejorar su idea. Al final, su idea se venderá mejor debido a su atractivo.

Véndase

Después de identificar su mercado, el trabajo acaba de comenzar. También necesitas venderse a ti mismo. Su personalidad es lo primero que la gente notará, incluso antes de que tenga la oportunidad de vender su idea. Por lo tanto, debe venderse y crear una imagen atractiva. Su personalidad puede mejorar o disminuir en gran medida su influencia; mucho depende de cómo se porte.

Si no parece convincente acerca de su idea, lo traicionará. Deja que su porte y comportamiento sean encantadores. Si lo hace bien, es probable que ya haya influido en su objetivo para comprar su idea.

La personalidad es muy importante para influir en las ventas. Las grandes empresas lo saben, y es por eso que hacen de las celebridades la cara de sus productos. Hacen esto para influir en sus ventas. Si bien los buenos vendedores saben que no todos están interesados en sus productos, también saben que muchos estarán interesados en su producto.

También debe llevar su marca a las redes sociales. De hecho, esta es la mejor manera de promocionarse. Las empresas ahora están en las redes sociales. Consiguen más seguidores y más clientes. Sus seguidores están compuestos tanto por sus clientes originales como por los fanáticos de las celebridades que estas compañías usan como sus embajadores. Si juegan bien sus cartas, es el último grupo de seguidores el que eventualmente recurrirá a los clientes. Se trata de influir en las ventas para usted.

El ARTE EFECTIVA DE INFLUENCIAR LAS PERSONAS

Seamos francos con nosotros mismos, las personas no siempre están interesadas en el producto. Hay muchas cosas que influyen en las decisiones de los consumidores de comprar productos; marca personal

Es un factor. Junto con el producto, las personas también compran encantos, carisma, confianza, conocimiento, pasión, etc.

Su personalidad puede influir en las personas para que compren su idea. Las primeras impresiones realmente importan cuando se trata de vender su idea. Su conocimiento de su idea, su pasión por su idea y su confianza en su idea influyen en sus compradores.

Comprende esto: las ideas son a menudo similares, pero los individuos no lo son. Hay algo único en todos. Por lo tanto, debe aprovechar su personalidad, ya que es probable que no sea el único con esa idea, y también hay innumerables ideas que son similares a la suya. Sin embargo, su personalidad le hará destacar si se usa bien.

Es por eso que debes tomar la marca personal muy en serio. Ejerce una gran influencia en la percepción de las personas sobre su producto. Su personalidad siempre influirá en las personas, ya sea negativa o positivamente. Por un lado, las personas pueden comprar su idea debido a su personalidad, pero por otro lado, pueden rechazar su idea debido a su personalidad.

La realidad es que las personas siempre tendrán una percepción de usted, y es su responsabilidad influir en sus compradores para que tengan una percepción positiva sobre usted al invertir en una mejor marca. Esto nos llevará al siguiente paso para vender su idea.

Conoce a sus competidores

Si bien no debe entrometerse en la privacidad de su vecino, es una buena idea "mirar" por la ventana para ver las actividades de sus competidores. En el mundo de los negocios, se permite espiar.

Antes de que puedas ver lo que están haciendo sus competidores, tendrás que saber quiénes son sus competidores. Un vendedor de buena reputación advirtió una vez que "el negocio es un campo de batalla" y tiene razón. Si un soldado no sabe quiénes son sus enemigos en el campo de batalla, está muerto.

Del mismo modo, si no sabe quiénes son sus competidores, no sabrá lo que están haciendo, y eso se traduce en perder en el mercado. Es de suma importancia conocer a los competidores en su nicho, si desea influir en el mercado a su favor.

Al conocer a sus competidores, también podrá ver lo que están haciendo para influir en el mercado y lo que no están haciendo bien. Luego puede utilizar este conocimiento para comercializar su propia idea. Sabrá qué obstáculos evitar y qué estrategias implementar.

Si quieres ser influyente en su nicho, debes estar listo para hacer un trabajo fundamental. Averigüe quién está vendiendo qué, cómo lo están vendiendo y a quién se lo están vendiendo. Observe sus técnicas de venta y vea si hay alguna que lo beneficie. También le ayudaría si se mueves hacia sus compradores. Ahora que ha llegado a conocer a los compradores de sus competidores, es hora de saludarlos. Hay un dicho, "el enemigo de su enemigo es su amigo". También es aplicable a sus compradores: "el comprador de tu competidor también es tu comprador".

Nunca olvides esto. Si pueden comprarle a su competidor, entonces también pueden comprarle a usted. Ahora iré al siguiente paso sobre cómo influir en las personas.

Construye su ejército

Has trabajado en su idea y crees que ahora está lista para salir y bendecir vidas. Como *general* del ejército de su producto, necesitarás soldados que luchen por su idea y ganen terreno. En este punto, creo que ha llegado a conocer su mercado y que ha identificado a sus compradores y ha aprendido dónde puede encontrarlos.

Esta es la era de la información, donde puedes vender su idea a millones en línea. Con solo un clic, puede comunicar sus ideas a muchas personas a la vez. Para ser claros, sin embargo, no desea comunicar su idea a todos; solo quieres ponerlo ante sus compradores.

Publicidad digital

La forma más fácil de hacerlo es, como he dicho antes, es identificar su comprador de la competencia. Las redes sociales han hecho que sea muy fácil hacer esto: todo lo que necesita hacer es realizar una búsqueda de palabras clave que esté relacionada con su idea, y verá a miles de personas que también están interesadas en lo que está haciendo.

Incluso puede encontrar competidores en su área buscando por ubicación, utilizando filtros y hashtags. De hecho, le aconsejo que se concentre en los competidores locales. Descubre quiénes son sus seguidores y participa con ellos.

Administrar las redes sociales es un trabajo serio, pero vale la pena. Para llamar la atención de los seguidores de sus competidores, también deberá dejar comentarios razonables e inteligentes en la sección de comentarios de las publicaciones de sus competidores. Esta es su oportunidad de anunciarse; no suelte mensajes arbitrarios o trillados como "agradable" o "genial". En cambio, indique lo que es bueno y genial de la publicación.

Haga un comentario cuidadosamente elaborado que llame la atención de la gente. Deje un mensaje inteligente que obligará a sus seguidores y competidores a visitar su perfil y seguirlo.

Así es como puedes construir su reputación y anunciar su presencia en las redes sociales. No rehúyas el uso de hashtags relevantes que harán que las personas le encuentren.

Nunca ignores los comentarios en sus publicaciones; asegúrese de responder a todos los comentarios, a menos que tenga cientos.

Visita aleatoriamente las páginas de sus seguidores de vez en cuando y dale me gusta a sus publicaciones o deja un comentario. Antes de que se des cuenta, serás una gran influencia a tener en cuenta en su nicho. Del mismo modo, aplique estos consejos a las marcas que estarán interesadas en su idea. Debido a que las redes sociales no son el objetivo del libro, me detendré aquí con cómo ser influyente en las redes sociales.

También sería genial tener un blog o un sitio web donde pueda dirigir a sus seguidores a comprar sus productos. Aunque esto requiere mucho trabajo, es una forma comprobada de vender sus ideas. Descubrirá que los vendedores que tienen blogs o sitios web efectivamente llegan a más personas que aquellos que no.

Marketing Digital

El marketing digital todavía tiene un lugar muy importante en el marketing. Centrarse solo en la influencia digital es como poner todos los huevos en una canasta. Si quieres ser una fuerza a tener en cuenta en su nicho, tienes que usar herramientas digitales y analógicas.

No son mutuamente excluyentes: su conexión en línea puede conducir a una conexión física y su conexión física puede conducir a la creación de redes en línea. Cuantas más personas conozcas en persona, mejor será para su presencia en línea. Siempre puede referir personas a sus perfiles sociales.

Las técnicas utilizadas en el marketing analógico son bastante diferentes de las utilizadas en el marketing digital, pero los principios y las virtudes son los mismos. Hacer contactos con personas fuera de las redes sociales requerirá que abandone la comodidad de su hogar.

Primero, necesita encontrar la ubicación de estas compañías a su alrededor. Pedirle a la gente o una simple búsqueda en su motor de búsqueda favorito le permitirá conocer las direcciones de las empresas establecidas que probablemente comprarán su idea.

Además, aproveche la oportunidad para familiarizarse con la información sobre estas empresas. Esto lo ayudará a reducir su lista de compañías potenciales a aquellos donde sus posibilidades de éxito son mayores. En esencia, sugiero que haga una lista de prioridades. Coloque las empresas que más le interesan en la parte superior de su lista.

En este punto, nos gustaría recordarle por qué le estamos diciendo que haga todas estas cosas: son necesarias para colocarlo en un pedestal más alto, de modo que pueda influir en las ventas de sus productos e ideas. Ahora que tiene lista su lista de prioridades, es hora de comenzar a hacer lanzamientos estratégicos.

Lanzamiento estratégico

En este punto, es necesario que haga esfuerzos intencionales para vender sus ideas a las personas que importan. Ahora, debe comprometerse con los ejecutivos de las empresas que le interesan y familiarizarlos con su idea. Tendrás que hacer su presentación sustancial. Ve al grano; no hay tiempo para andar con rodeos.

No les cuentes la historia de su vida, o cómo has sufrido y trabajado duro para llegar a fin de mes. Eso es desesperación, y no se vende.

La desesperación apagará a sus compradores. Más bien, dígales qué puede hacer esta idea por ellos. Hágales saber cómo ayudará a su empresa a crecer y mejorar.

Así es como puedes vender su idea. Así es como puedes influir en las ventas. Su confianza y su capacidad para mostrarles cómo esta idea impulsará su compañía es lo que hará que su idea se venda. Haga todos sus discursos sobre ellos.

Es realmente importante comprender cómo su idea ayudará a sus compradores antes de presentarlos. Una forma de hacerlo es presentar su idea en forma de una propuesta bien escrita. Intenta esperar una semana después de enviar su propuesta antes de contactar a su comprador potencial nuevamente.

Si aún no ha tenido noticias de su comprador potencial, después de un mes, muévase a otro comprador. O, mejor aún, puede lanzar dos o más compradores al mismo tiempo. No hay nada de malo en eso: tendrá la oportunidad de ir con el mejor postor y sus posibilidades de obtener un comprador también serán mayores.

Sea un experto: demuestre creativamente su idea

Todo vendedor quiere un comprador. Si los deseos fueran caballos, los mendigos montarían. Desafortunadamente, los mendigos no cabalgan porque los deseos no son caballos. Esta es la realidad del mundo en que vivimos. Los mendigos tendrán que trabajar duro si quieren montar.

Esto simplemente significa que cualquiera que quiera tener éxito debe trabajar duro. Para vender una idea, debe tener un conocimiento sólido sobre esa idea. Si desea que la gente diga "sí" a su idea, debe ser un experto.

Dedica tiempo a su idea; sigue mejorando y mejorando con eso. Después de todo, lo que vale la pena saber vale la pena saberlo bien. Estudie duro y mucho sobre su idea. Haga preguntas de aquellos que tienen más experiencia que la suya en su campo. Para ser un experto, tienes que mezclarse con expertos. Así es como funciona.

Si no tiene el privilegio de conocer a estos expertos para un tête-à-tête (conversación privada), puede obtener sus trabajos académicos y libros. Como puede ver, gastará su dinero, pero la inversión valdrá la pena al final del día.

Cuanto más conocimiento tenga sobre su idea, mejor será para demostrarla de diferentes maneras creativas. Un maestro que sea muy sólido en una materia podrá enseñar esa materia usando diferentes ejemplos.

Cuando sus compradores vean cuán informado está sobre su idea, definitivamente querrán convertirse en sus clientes, porque lo ha ilustrado de muchas maneras que pueden entender. Su conocimiento ha influido en su decisión de comprar su producto.

Por lo tanto, si desea influir en las personas, debe tener el conocimiento que ellas no tienen. La ignorancia siempre se ha inclinado hacia el conocimiento. El mundo favorece a aquellos con conocimiento. Es por eso que la sabiduría es mejor que el poder.

Lo que la sabiduría puede hacer, el poder puede no ser capaz de hacerlo, pero la sabiduría puede hacer todo ese poder puede hacer. Por lo tanto, le aconsejo que invierta en sabiduría, y el poder se convertirá en su servidor. No puedo enfatizar esta verdad cardinal lo suficiente. Su conocimiento le dará una ventaja sobre los demás, permitiéndole afectar sus decisiones.

La gente siempre querrá comprar aquello con lo que se conectan. Pregúntate a ti mismo, ¿también querrás comprar un producto que no le llame la atención? Por supuesto que no. Su capacidad para hacer que su producto toque un acorde con su comprador es directamente proporcional a su conocimiento sobre su idea y su comprador.

Es decir, su conocimiento sobre su comprador lo ayudará a canalizar adecuadamente su idea para satisfacer sus necesidades. Es conociendo el vacío de una empresa que puede llenarlo. Aquí está la lógica. Por ejemplo, si tiene una idea sobre cómo controlar con precisión el número de huevos producidos en una gran granja avícola, debe abordar este problema en su lanzamiento.

Debe informar al administrador de la granja que comprende el problema al que se enfrenta y cómo su idea puede resolverlo.

Divida sus puntos de una manera que él entienda; demuéstrale que sabes de lo que estás hablando, y él no tendrá más remedio que comprar su idea.

Tienes que hacer que se conecte con su idea a nivel personal antes de que deje caer el efectivo. La razón por la que él le dará el trabajo es porque le haces comprar tu idea. Si desea influir en sus ventas, debe poder conectarse con sus compradores en el punto de sus necesidades.

Preocúpese genuinamente por sus problemas, o al menos hágales creer que usted lo está. Es normal que los compradores sean escépticos sobre un producto, especialmente si es nuevo; por lo tanto, permítales reiterarle sus desafíos. Incluso si ha entendido cuál es el problema, permita que se expresen generosamente.

Cuando haces esto, indirectamente estás comunicando que realmente le importan sus preocupaciones. Sin embargo, si los acorta mientras se expresan para usted, está comunicando el mensaje equivocado sobre su personalidad. Sus compradores pensarán que solo busca su dinero y que no le interesa su problema. Esta suposición influirá negativamente en su decisión, y pueden terminar no comprando su idea. Al final de la discusión, ellos le dirán que que no están interesados, o si son educados, que le que van a llamar cuando se necesiten su ayuda. Créeme, eso nunca va a suceder.

Se necesita paciencia y amabilidad para influir en las ventas. Eres el que quiere vender; Por lo tanto, debe estar dispuesto a ejercer paciencia y responder una gran cantidad de preguntas. Cualquiera que le diga que es muy fácil vender ideas le está engañando. Nunca ha sido fácil, y mucho menos en esta era competitiva.

Vender su idea no es fácil. Si lo fuera, no estarías leyendo este libro. Sin embargo, estoy muy seguro de que si aplica todo lo que ha aprendido de este libro, tendrá una ventaja sobre muchos vendedores. Que podemos asegurarle.

El ARTE EFECTIVA DE INFLUENCIAR LAS PERSONAS
CAPÍTULO CINCO

La ciencia de ser influyente

Según el Diccionario Merriam-Webster, la ciencia es el estado de conocer del conocimiento, a diferencia de la ignorancia o la incomprensión. Por lo tanto, la ciencia de ser influyente es la comprensión del funcionamiento de las leyes que guían la influencia, especialmente según lo obtenido y probado a través del método científico.

En esencia, a lo que estoy conduciendo es que influir en las personas es una ciencia propia. Es decir, hay leyes a seguir si alguien quiere ser influyente. Nadie es influyente de la noche a la mañana. Construir su influencia es como construir su reputación. Lleva tiempo antes de que la gente le conozca por algo.

Del mismo modo, si desea que las personas lo conozcan como persona de influencia en su campo, debe seguir algunos principios y leyes.

Causa y efecto

Por cada causa, hay un efecto. Esto significa que no puedes dejar las cosas al azar. Este es un principio general de la vida, y es aplicable a ser influyente. Este principio también se puede llamar el principio de sembrar y cosechar.

Los agricultores entienden esto muy bien. Ningún agricultor sembrará nada y esperará cosechar algo. Además, ningún agricultor sembrará plátanos y esperará cosechar manzanas. Si quieres influir en las personas, debes pensar como un granjero.

Pregúntese, ¿qué semilla de influencia ha sembrado que espera cosechar?

¿Has hecho su parte antes de esperar que otros hagan la suya? La idea que quieres vender: ¿has dado lo mejor de ti? El proyecto para el que ha creado un equipo para ejecutar, ¿realmente lo entiende? ¿Estás haciendo lo que quieres que otros hagan por ti? ¿Estás trabajando duro? Si usted es padre, ¿está predicando con el ejemplo para su hijo? ¿Estás exhibiendo cualidades de un buen líder? Si las respuestas a estas preguntas no son afirmativas, no cosechará una influencia positiva. De hecho, no debe esperar cosechar ninguno.

El ARTE EFECTIVA DE INFLUENCIAR LAS PERSONAS

Hacer su parte influirá en otros para que hagan la suya. Su rico conocimiento sobre su idea tendrá una influencia positiva en su comprador. Su conocimiento firme sobre el proyecto en cuestión lo ayudará a influir en las personas en el trabajo.

Si desea que la gente haga algo por usted, muéstreles cómo hacerlo. Si desea que su equipo sea transparente y honesto, muéstreles sus acciones. Si desea que su comprador compre su producto, muéstreles cómo le está funcionando su idea. Si no están seguros de que su producto funcione para usted, es posible que no quieran comprarlo.

Si no está activo y trabajando como un líder, no ganará el respeto que se merece; en consecuencia, es posible que no tenga tanta influencia en la toma de decisiones. Si es padre, la mejor manera de influir en su hijo es haciendo lo que usted quiere que haga y evitando lo que usted no quiere que haga.

Harás las cosas de manera diferente si siempre recuerdas que cosecharás lo que siembras. El espejo revelará quién eres. Harás la cama en la que se acostarás. El principio de causa y efecto es vital principio para recordar si quieres ser influyente.

Valor

El principio del valor es otro principio importante para entender. Los valores son la columna vertebral del éxito. Las grandes empresas como Microsoft y Apple tienen éxito porque tienen propuestas de alto valor.

Dicho de otra manera, cuando compra en estas compañías, obtiene más valor del que intercambia por su dinero. Si lo que ofrece es de gran valor, no tiene que decir mucho para convencer a alguien de que lo compre.

Sea justo con el precio de su producto. No inflar demasiado el precio. Esto apagará a su gente. Al mismo tiempo, tampoco debe subestimar su producto o idea. Esta es una señal de desesperación y es no va a ayudar a su influencia; al contrario, lo va a dañar.

Por ejemplo, reducir drásticamente su tarifa para conseguir el trabajo hará más daño que bien. Los clientes pueden identificar fácilmente una tasa basada en la desesperación. Los clientes conocen el rango de una tarifa estándar; incluso los clientes terribles que son conocidos por ir al mejor postor lo saben.

Lo primero que debe tener en cuenta es que reducir el valor de su servicio nunca es una buena manera de conseguir un trabajo. La mejor manera de influir en la decisión de su cliente es presentar una buena propuesta, que sea concisa y perfecta.

Si desea reducir su tarifa, no la haga más baja que la tarifa estándar más baja, porque el cliente lo juzgará por su tarifa. Una tasa baja sugiere al cliente que usted está desesperado o sin experiencia.

Su tasa tampoco debe ser muy alta, a menos que tenga la experiencia y los medios para ejecutar el proyecto por el que está haciendo una oferta. Será ridículo y estúpido si su tasa es alta y su propuesta es basura. El cliente descubrirá fácilmente si tiene la experiencia o no.

En general, sea justo al evaluar el valor de su servicio. Asegúrese de dar lo mejor en la entrega del trabajo. El mejor trabajo es la mejor influencia, no la tarifa más barata.

Tómese el tiempo para trabajar en su propuesta: aborde los desafíos del cliente, proponga soluciones claras y el trabajo será suyo.

Atracción

La ley de la atracción puede sonar abiertamente filosófica, pero funciona. Cómo se ves a si mismo es cómo le verán los demás. Serás dirigido a la forma en que se vistes. Cuando se respetas a si mismo, la gente también le respetará así. Estos son hechos probados de la vida.

Si desea que otros confíen en sí mismo y en su capacidad, primero debe confiar en ti mismo y en lo que puede hacer. La confianza es atractiva. Cuando apestas a confianza, incluso si no eres muy bueno en eso, serás más convincente.

Aun así, como lo enseña la ley de la atracción, si no puede verse compitiendo en el nivel superior, le resultará difícil llegar a la cima. Su mente es el campo de batalla; es la olla en la que se cocinan sus pensamientos y aspiraciones.

Lo que alimenta su mente es lo que guiará su conducta. Es por eso que se alienta a las personas a leer. "Los lectores son líderes", dicen. No puedes llegar a donde no puede ver, es imposible. De ahí el dicho de que atraes lo que crees.

Si usted es un vendedor y no se ve vendiendo, eso eliminará su motivación para vender. Es cuando te ves vendiendo que estarás motivado para vender. Si eres negativo acerca de su negocio o de usted mismo, verás negatividad a su alrededor.

Por el contrario, una actitud positiva te mantendrá inspirado y enérgico. Le ayudará a estar mentalmente en forma. Nunca olvides la ley de la atracción: tienes que verte influyendo en las personas si se tomas en serio influir en las personas.

Sacrificio

Sacrificar es regalar algo que es valioso para ganar algo más de valor. En el juego del ajedrez, a veces, es prudente sacrificar algunas piezas para exponer al rey de su rival. Esto es sabiduría, y tendrás que aplicarlo a su búsqueda para ser influyente.

Hay algunos hábitos que debes abandonar si quieres ser una persona de influencia. No puede permitirse el lujo de vivir como aquellos sin visión. Tendrás que estar despierto y trabajando. Esto significa que tendrás que sacrificar largas horas de sueño. También tendrás que sacrificar los atracones. En pocas palabras, debe estar listo para sacrificar su comodidad.

Las personas de gran influencia que ves hoy sacrificaron mucho para estar donde están ahora. No se volvieron influyentes durmiendo y mirando películas. Abandonaron el placer y la comodidad de ser quienes y qué son ahora.

Si quieres ser una voz líder en su campo, prepárese para aceptar el rechazo y la negación. También tienes que ser paciente y humilde. La influencia crece gradualmente; no surge de la noche a la mañana. Al igual que una planta tierna, requiere mucho cuidado y atención. Tiene que ser regada con paciencia, trabajo duro y consistencia.

No se desanime si cree que su influencia no está creciendo al ritmo que espera. Mira por qué su crecimiento está atrofiado; si es algo que no estás haciendo bien, corrígelo, pero si es natural, dale un poco de tiempo. Sigue trabajando y esperando lo mejor. Nunca se rindas.

Integridad

Nunca debes construir su influencia a expensas de su reputación. El dicho, "un buen nombre es mejor que la riqueza" es una eterno verdad. ¿De qué sirve su influencia si se basa en una base sombreada y temblorosa?

Warren Buffet lo dijo todo en su sabia cita, "se necesitan 20 años para construir una reputación y cinco minutos para arruinarla". ¡Esto es muy cierto! Puedes construir su influencia para los años de burro, pero solo toma un momento para viciarlo.

La pregunta entonces es: ¿por qué construir su reputación sobre mentiras y métodos cuestionables? En cambio, debe construir su reputación siguiendo principios éticos, como los que he establecido en este libro.

En verdad, se necesita diligencia y consistencia para construir reputación, pero vale la pena.

La tentación de usar técnicas ocultas para construir su reputación estará ahí, pero no cedas. Priorizar la calidad sobre cantidad. Es mejor comenzar en pequeño y terminar en grande que comenzar en grande y terminar en pequeño.

Tiempo

Todo tiene su propio tiempo. Hay un tiempo para sembrar y un tiempo para cosechar.
Comprender esto le salvará de muchos dolores de cabeza. La falta de comprensión del tiempo ha llevado a muchos a hacer movimientos incorrectos e incurrir en pérdidas.

Cuando llegue el momento de la siembra, no esperes cosechar. Por obvio que esto parezca, muchas personas se dedican a sus negocios esperando cosechar durante la temporada de siembra. Su temporada de siembra es el momento de trabajar duro y avanzar.

Es la edad formativa de su idea. Si se equivocas en esta etapa, todo lo demás saldrá mal. Por lo tanto, tienes que poner su mejor trabajo aquí. No deberías hacer lo correcto en el momento equivocado, y no debe hacer lo incorrecto en el momento correcto. El tiempo es de gran importancia.

Si lo hace bien en esta etapa, su temporada de cosecha ciertamente llegará. Tendrá que ser paciente y seguir trabajando. Cuanto más sigas trabajando en su idea, mejor serás y más influyente serás. Naturalmente, serás bueno en lo que haces a menudo.

Además, debes trabajar con tiempo. El tiempo no espera a nadie, ni siquiera espera a que compruebes dónde están el minutero y el segundero. Lo que esto le enseña es que también debes ser consciente del tiempo.

No procrastines. No puede permitirse el lujo de retrasar una tarea que es integral para su proyecto. La dilación ha causado que muchas personas pierdan sus trabajos, dinero, proyectos e influencia. No quieres experimentar esto.

Prométase un buen regalo si superas una fecha límite. Esta es una forma de superar la dilación. También puede dividir su proyecto en hitos que puede terminar en poco tiempo. Si trabajas sin rumbo, no serás productivo. Siempre establezca un objetivo para usted que debe cumplir en un momento dado. Esto le ayudará a ser consciente del tiempo y productivo.

En resumen, sea un buen administrador del tiempo. Crea horarios para seguir y sigue religiosamente sus horarios. Una de las cualidades de las personas exitosas es que tienen una excelente gestión del tiempo. Son juiciosos en su uso del tiempo.

CAPÍTULO SEIS

Cómo mantener su influencia

Estoy concluyendo con este tema porque estoy seguro de que serás influyente.

Considere este capítulo como una bonificación de nuestra parte. Mantener la influencia es una tarea tan titánica como la influencia creciente. No asumas por un segundo que puedes relajarte ahora que su influencia ha crecido.

(No lo olvide, supongo que ha aplicado todos los consejos que he sugerido en este libro, y que ahora es muy influyente en su campo; esto significa que ahora puede influir fácilmente en las personas. Por lo tanto, este capítulo es para aquellos que ya tiene influencia)

Si alguna vez albergaste la idea de que llegar a la cima es el fin natural del trabajo duro, por favor, deja esa idea. No es verdad. No le estoy asustando; Solo estoy siendo sincero contigo. Las personas en la cima trabajan dos veces más duro que las que no lo están, porque hay más en juego.

El hombre más rico de África, Aliko Dangote, le dijo a Bloomberg en una entrevista: "Me sorprende que duerma incluso cuatro horas al día. Voy a toda máquina". Si alguien en los niveles superiores de la gerencia duerme menos, ¿cuál es su excusa?

Si un magnate de negocios tremendamente exitoso, un multimillonario (en dólares estadounidenses) está diciendo que él y su equipo están trabajando a toda máquina, ¿qué le dice eso? ¡Que tienes trabajo que hacer! Que no puedes permitirte bajar la guardia. Que no puedes ceder al sueño y la complacencia. Que tienes que seguir trabajando para mantener su influencia.

Los que llaman la atención en la cima tienen un estilo de vida que se parece mucho a Dangote. Ellos siempre están trabajando Son buenos gerentes de tiempo. Cuanto mayor es su influencia, mayor es el trabajo. Debo advertirte que una vida de influencia no es una vida de mediocridad.

Por lo tanto, si cree que puede llegar a la cima y dejar de trabajar, lamento informarle que no funciona de esta manera. No puedes tener su pastel y comértelo. Es decir, no puedes anhelar influencia y no trabajar. En este capítulo, le enseñaré lo que debes hacer para mantener su influencia y su nivel superior.

Capacitar a las personas

Si desea seguir siendo influyente, debe empoderar e invertir en las personas. Invertir en las personas es como sembrar semillas, que se convertirán en árboles que a su vez crecerán muchas ramas. Estas ramas son conexiones.

Nadie lo tiene todo, y nadie lo sabe todo. Le guste o no, siempre necesitarás la opinión de la gente de vez en cuando. Incluso los líderes mundiales necesitan personas con quienes trabajar.

Puede comunicarse fácilmente con las personas que ha habilitado para ayudarlo a ejecutar sus tareas.

Con gusto le ayudarán, porque tú los has ayudado. Puede empoderar a las personas ayudándolas a conseguir trabajo, ayudándoles a establecer sus negocios, empleándolos, impartiéndoles conocimientos, etc.

Por ejemplo, si necesita ayuda con una empresa, siempre puede contactar a la persona que ayudó a asegurar un trabajo en esa empresa. Aquellos que haya establecido en sus negocios siempre estarán allí para ayudarlo en todo lo que puedan. Aquellos que han enseñado habilidades para utilizará de buen grado las mismas habilidades para ayudar a que cuando la necesidad surge.

Aquellos cuyas educaciones haya patrocinado su educación definitivamente serán de ayuda para usted algún día. Así es como puedes mantener la influencia en esta palabra siempre competitiva. Cuantas más personas empoderes, más influencia tendrás.

Manténgase conectado

Le diré esta verdad: no hay tal persona que llegue a una etapa en la que ya no necesite a los demás. ¡No hay tal persona! Los ricos se vuelven cada vez más ricos debido a las conexiones. Los gobiernos siguen formando coaliciones debido a la necesidad de mantener su poder y relevancia.

Las empresas y los individuos colaboran para tener una influencia formidable en su nicho. Las razones de estas colaboraciones son para reavivar una influencia agonizante o para reforzar aún más una influencia constante. Esta es una estrategia preventiva para mantenerse relevante.

Si el gobierno y las grandes empresas están trabajando tan duro para mantener su relevancia, entonces debería ir aún más lejos para mantener su influencia. El "dios" de la influencia favorece solo a aquellos que están trabajando duro para mantener su influencia.

En la medida de lo posible, mantenga su conexión con las personas. Guarda sus amistades. Póngase en contacto con sus amigos, trabajadores y conocidos de vez en cuando. Asista a seminarios y conferencias y haga nuevos amigos. La clave es hacer todo lo legal y ético para mantener sus conexiones.

No des pasos en puntillas

Las personas que viven en casas de cristal no deben tirar piedras. Este sabio proverbio es aún más pertinente para aquellos que ya están en la cima de su juego. Es fácil para los que están en la cima derrumbarse. Una persona que ya está deprimida no se preocupará por caerse.

Esto significa que debe evitar dar pasos en puntillas. No cortes esquinas ni hagas trampa para llegar a la cima. Si haces eso, provocarás a aquellos que están debajo de ti para que trabajen y esperen su caída. Harán todo lo posible para derribarte. Realmente no tienen nada que perder, pero tú sí.

En la misma línea, no participes en una competencia poco saludable con sus rivales. Sea civil y respetuoso en sus tratos con ellos. Nunca se sabe cuándo podría necesitar su ayuda. Pueden ser sus rivales, pero también son influyentes a su manera. Nunca los subestimes.

Cuando se mantenga en su propio carril, no pisará los dedos de los pies y no habrá ningún problema. Este es uno de los secretos de las empresas exitosas. No digo que no debas competir con sus rivales. Por favor, está bien. Sin embargo, estoy diciendo que debes participar en una competencia saludable.

Se humilde

Se humilde. Siempre recuerda los días de sus humildes comienzos. Aprecia a todos los que le han ayudado a estar donde estás hoy. El orgullo causará su caída. Nunca debe ser arrogante o condescendiente con sus trabajadores, o cualquier otra persona, para el caso.

Hágase accesible. Solo cuando sea accesible podrá saber todo lo que sucede a su alrededor. La arrogancia le costará información vital que debe conocer. Pero si eres accesible, a la gente le resultará fácil acercarte y mantenerte al tanto de los nuevos desarrollos.

Dar órdenes educadamente. Nadie discute que usted es el líder, y dar órdenes humanamente no invalidará su liderazgo. Dirigirse a las personas por sus nombres; No llame a las personas silbando o tocando. Llamarlos por sus nombres hará que le aprecien más.

Sinceramente aprecia a las personas cuando hacen algo por ti. Hágales saber que está muy agradecido. Esto los hará hacer más la próxima vez. Debe aplicar este mismo principio a sus empleados. Elogie a los que trabajan duro y aprécielos.

Los trabajadores apreciados serán más productivos y mentalmente aptos que aquellos que no son. Esto no es ciencia de cohetes. Es un principio de la vida. La ley de reciprocidad dice que obtienes lo que das. Por lo tanto, cuando aprecias a las personas, ellas también le apreciarán a usted.

Persevera

El hecho de que estés en la cima no significa que no necesites perseverar. El camino del éxito es impredecible. Las cosas no saldrán como ha planeado todo el tiempo. La tragedia puede golpear y se pueden incurrir en pérdidas. Sin embargo, en todo esto, debes perseverar.

Tienes que ser fuerte. No tome decisiones impulsivas que perjudiquen su reputación. Puede sentirse tentado a hacerlo pero no ceder. El camino hacia el éxito es un viaje interminable. Nadie tiene todos los éxitos del mundo. Siempre habrá necesidades que cumplir y tareas que completar.

Por lo tanto, debe persistir firmemente en la búsqueda del éxito. Ven a llover, ven a brillar, nunca debes dejar de perseguir sus objetivos. Sigue trabajando. Sigue adelante. Sigue siendo positivo.

Se abnegado

El ARTE EFECTIVA DE INFLUENCIAR LAS PERSONAS

En su apretada agenda, recuerde ayudar a los demás de cualquier manera que pueda. Presta atención a los miembros de su equipo, a sus empleados y a quienes le rodean. Cuando vea que están tristes o inusualmente callados, pregúnteles cuál es el problema.

No todo debe ser sobre el trabajo. Muestre una preocupación genuina y ayúdelos a resolver sus problemas de cualquier manera que pueda. Esto contribuirá en gran medida a desarrollar su influencia. Las personas notarán su desinterés y le ayudarán cuando surja la necesidad.

El egoísmo no induce ni sostiene la influencia. Por el contrario, extingue cualquier llama de influencia que le quede. Muchos suponen que su influencia crecerá cuando se centren solo en sí mismos, pero esto está muy mal. Influirás fácilmente en las personas cuando seas abnegado

Considera este ejemplo. Digamos que se acercas al Sr. A para ayudarte con un problema, y él pasa por un proceso minucioso para ayudarte. En otra ocasión, se acercas al Sr. B para que le ayude a resolver un problema, pero él se niega a ayudarle, citando el riesgo involucrado como la razón de su negativa.

¿A quién ayudarás cuando surja la necesidad? Por supuesto, es el Sr. A, quien corrió el riesgo de ayudarle. ¿Qué influye en su decisión de ayudarlo? Su desinterés. También puede ayudar al Sr. B, pero primero ayudará al Sr. A.

Y si los dos vienen al mismo tiempo, es obvio a quién ayudarán: Sr. A. Por lo tanto, el cumplimiento del proverbio, "un buen giro merece otro".

CONCLUSIÓN

La influencia se trata de ejercer un efecto sobre alguien o algo. Es la capacidad de efectuar un cambio en las opiniones y acciones de alguien. En otras palabras, la influencia es la capacidad de provocar una reacción o respuesta, ya sea directa o indirectamente.

Una persona de influencia es una persona poderosa, porque esa persona tendrá el poder de efectuar el cambio deseado en cualquier situación e incluso en las personas. Una persona influyente podrá afectar las decisiones de las personas.

La influencia es un arte, y son aquellos que lo entienden que pueden hacer que las personas hagan lo que quieren. Hay principios que debe seguir si desea adaptar los sentimientos y las situaciones de las personas a su idea. Este libro ha sido escrito para mostrarte cuáles son estos principios.

La buena comunicación es muy importante para influir en los demás. Tienes que ser claro e inequívoco al decir lo que quieres. No deje que la persona que deseas influir adivine. Un mensaje equivocado puede provocar un efecto negativo en su influencia.

La mala comunicación o los mensajes incompletos pueden conducir a un resultado final que no desea. Por lo tanto, es muy importante ser muy claro y articulado al difundir información. La gente siempre estará influenciada por su comunicación y sus acciones.

Por lo tanto, debe tener cuidado de no comunicar el mensaje incorrecto con sus acciones. Eliminar la ambivalencia, ya que puede influir erróneamente en alguien para que haga algo que no deseas Esta es la influencia incorrecta. Si quiere que se haga algo, sea claro al respecto.

Si, al mismo tiempo, no quieres algo, habla al respecto. Su decisión ayudará a la persona a conocer su posición sobre el tema. El hecho es que, ya sea claro o ambiguo, su posición influirá en los demás. En consecuencia, es mejor expresar su posición sobre las cosas.

He enfatizado la importancia de trabajar con las personas adecuadas anteriormente en este libro. Es una mala idea pensar que puedes influenciar a todos todo el tiempo. Intentar influir en las personas equivocadas puede ser contraproducente e incluso tener un efecto negativo en su influencia.

También se requieren habilidades de gestión humana si desea influir en las personas. He enumerado generosamente varias formas de gestionar recursos humanos. Sus características humanas afectarán en gran medida la forma en que los que le rodean responden.

La gente naturalmente le responderá cuando vea cuán genuinamente preocupado está por su bienestar y desafíos. También es más probable que respondan a su solicitud o situación cuando la solicite. Su humanidad y amabilidad es la causa de esta influencia; por lo tanto, nunca dejes de ser amable.

Haga su mejor esfuerzo para llevarte siempre bien con la gente. No veas a nadie como irrelevante e inútil. En realidad, nadie es irrelevante o inútil. La persona sin valor en un equipo puede luego ser el único salvador en ciertas situaciones impredecibles.

La persona que padece pobreza hoy puede ser la que lo ayudará mañana.

Su subordinado ahora puede terminar convirtiéndose en su superior mañana. Estas son las realidades de la vida. Con ese fin, usted mismo debe tratar a todos con respeto y decencia.

Todas las personas con las que te encuentras se sienten importantes, especialmente aquellas con las que trabajas. Sea amable con los extraños; ayude a los menos privilegiados; de a los pobres; Ayude a sus amigos; trate a sus subordinados con amabilidad. Así es como se construye la influencia. No es estampando el dedo del pie de todos o ridiculizando la esencia existencial de las personas.

Reitero nuevamente la importancia del conocimiento para influir en las personas. Si quieres influir en las personas, debes tener el conocimiento que ellos no tienen. Lea más extensamente sobre temas relacionados con su campo y asegúrese de obtener un conocimiento más general.

El ARTE EFECTIVA DE INFLUENCIAR LAS PERSONAS

Haga de la lectura un estilo de vida. Escuche las noticias para mantenerse al tanto de los desarrollos locales, nacionales e internacionales. Siempre recuerde que la persona más conocedora es la persona más poderosa.

El conocimiento puede vencer al poder, pero el poder no puede vencer al conocimiento. Por lo tanto, en lugar de centrarse en el poder y la brutalidad, invierta en sabiduría. La persona que trata con personas con sabiduría tendrá una influencia más duradera que la persona que trata con personas con poder. Las personas seguramente se callarán y le escucharán cuando sepas algo que no saben ahora. Sin embargo, las personas pueden desafiarte, incluso con su poder, cuando saben algo, especialmente más que tú.

¿Puedes ver ahora que la sabiduría es una influencia mayor que el poder? No se conformes con menos o con cualquier mediocridad. Siga agregando a su conocimiento si quiere ser influyente.

Su posibilidad de influenciar a las personas será limitada si solo está interesado en usted. No digo que no debas hablar sobre sus intereses o sus ideas, sino que también deberías estar muy interesado en los intereses de otras personas.

Brinde a las personas la oportunidad de hablar sobre sus intereses e ideas. Cuando les des esta oportunidad, se verán influenciados a escuchar su idea también. Por ejemplo, como consejero, tiene una mayor probabilidad de hacer que alguien hable si comienza su conversación con sus intereses.

Haga su tarea: descubra qué les interesa y qué temas debería totalmente evitar. Los supuestos no funcionarán; más bien, tendrán un impacto negativo en su conversación. Si no está seguro de los intereses de la persona, es mejor preguntarle a la persona directamente o preguntarle a quienes lo sabrán, como amigos y familiares.

En este libro, también dediqué un capítulo entero a comercializar sus ideas. Hay ciertas cosas que debe hacer para ser un vendedor exitoso. Primero, debe trabajar simultáneamente en su idea e identificar su mercado. Deje que los dos se incluyan mutuamente: trabaje en su idea teniendo en cuenta a los posibles compradores y consumidores. Esto lo ayudará a adaptar de manera efectiva su idea para que se adapte mejor a los gustos de sus compradores.

Esto requiere que comprenda los desafíos de su comprador. Su trabajo es hacer que su idea sea adecuada para resolver sus desafíos Cuando haces esto, tienes una mejor oportunidad de vender su idea.

Mientras trabajas en su idea, no se olvides de venderse a sí mismo. Elabore un tipo especial de reconocimiento para usted. En otras palabras, facilite que las personas lo identifiquen a usted y a su producto. Puede hacer esto creando un logotipo único y un tema de color para su marca. Sea consistente al usar este tema.

Aprovecha las redes sociales. No espere hasta que termine su idea antes de crear sus redes sociales. Mantenga a sus seguidores actualizados sobre lo que está haciendo y dónde se encuentra. Acompañe sus publicaciones con imágenes apropiadas de alta calidad y hashtags relevantes.

Sin embargo, tenga cuidado con lo que pública en las redes sociales. No reveles demasiado a la vez. No todo el tiempo deberías publicar sobre su idea. Puedes publicar temas que creas que sus seguidores apreciarán.

También deberías hacer preguntas. Las publicaciones con preguntas generalmente tienen un alto compromiso que las publicaciones sin imagen. Envíe sus más sinceros deseos durante los períodos festivos y feriados. Sin embargo, evite temas polarizadores que sean políticos o religiosos. Esto puede afectar negativamente su influencia.

A medida que haga todo esto, aumentará su alcance en las redes sociales. Informe a sus seguidores de antemano cuando su idea estará disponible para la venta. También debe aprovechar los anuncios promocionando sus publicaciones para llegar a un público más amplio. Venderás más de esta manera.

Además, debe conocer a sus competidores para poder aprender de ellos. Siempre verás lo que estás haciendo mal y en lo que necesitas mejorar. También sabrá lo que puede hacer para que su idea sea única.

La forma de mantener su influencia es seguir haciendo lo que le hace influyente en primer lugar. Sigue haciendo todo lo que hiciste para ser influyente. Cuando se niegas a agregar troncos a una fogata, se extinguirá. No importa cuán ardiente sea un fuego, incluso si es un infierno, dejará de arder en el momento en que no haya nada que quemar.

Del mismo modo, su influencia comenzará a morir en el momento en que deje de alimentarla con los principios y cualidades que usó para construirla. Mantenerse en el nivel superior requiere trabajo duro y consistencia. Tienes que ser apasionado para mantenerte en la cima de su juego. Solo la pasión puede mantenerte activo cuando estás deprimido y desanimado.

No permita que el dinero u otras ventajas sean la única fuente de su motivación, porque habrá momentos en que el dinero y las ventajas no llegarán. Pero su pasión le mantendrá alerta cuando el camino se vuelva fangoso y resbaladizo.

Me alegra que hayas leído este libro hasta el final. También le felicito porque pronto tendrás testimonios. Tenga la seguridad de que su influencia crecerá significativamente si aplica todos los principios que ha aprendido de este libro. No puedo esperar para escuchar su historia de éxito.

RAPHAEL DUME

BIOGRAFÍA

Raphael Dume, es autor, investigador, emprendedor en serie e inversionista estadounidense. Se ha encontrado que su trabajo mejora la autoestima, la capacidad de recuperación, la felicidad, el optimismo y la curiosidad, al tiempo que reduce los síntomas de depresión, ansiedad y enojo.

El se enfoca en ayudar a los demás documentando su aprendizaje personal y sus experiencias a través de sus escrituras. El espera compartir su trabajo que sea fácil de entender y estrategias que se puedan aplicar fácilmente en la vida cotidiana de todos.

Él trabaja continuamente para ampliar sus conocimientos leyendo, asistiendo a seminarios, tomando cursos y estableciendo contactos con otros profesionales.

Actualmente vive en Nueva Jersey con su familia.

www.ingramcontent.com/pod-product-compliance
Lightning Source LLC
Chambersburg PA
CBHW022112170526
45157CB00004B/1605